Tamara Höpoldseder

# Die Einfachheit der Worte

# Prolog

In den vergangenen Monaten habe ich mehr und mehr verstanden, dass alles, was aus tiefstem Herzen - angetrieben von Leidenschaft und Individualität - erschaffen wird, einfach nur großartig, inspirierend sowie schön sein kann und allein durch seine reine Existenz einfach genug ist.

Aus diesem Grund bin ich überaus glücklich, eine Sammlung meiner Gedanken und Überlegungen zu präsentieren, indem ich in diesem ganzen Prozess am Ende einfach der Stimme gefolgt bin, die mich dazu drängte, die Dinge zu machen, die ich liebe.

Im Rahmen dieser Kollektion trage ich von mir - und vor allem aus mir - erschaffene Texte vor. Mit meinen Texten verfolge ich das Ziel, den Leser dazu zu inspirieren und darin zu fördern, bewusst zu hinterfragen, zu reflektieren und zu erkennen. Ich schaffe einen mehrdimensionalen Raum mit Möglichkeiten zu wachsen und sich selbst zu seinem vollsten Potenzial zu entwickeln.

Der Titel meiner Kollektion lautet „Die Einfachheit der Worte" und ist das Sinnbild der von mir in den vergangenen Monaten durchlebten Prozesse.

Diese Worte sind nicht zwingend meine Wahrheit. Aber sie waren es zu einem Zeitpunkt meines Lebens einmal. Und ich sehe darin meinen persönlichen Weg, durch welchen ich gewachsen bin und welcher mich zu dem Menschen gemacht hat, der ich heute bin und der ich in naher Zukunft sein werde.

Und mögen manche Worte davon in der Wahrnehmung anderer falsch oder auch richtig sein. So wünsche ich jenen, diese Bewertungen einfach zu erkennen, hinzunehmen oder zu hinterfragen, damit auch sie die Möglichkeit wahrnehmen, ihren persönlichen Weg zu gehen und sich darin weiterzuentwickeln. Denn es steht uns frei, dahin zu wachsen, wohin auch immer wir wollen. So dient alles, obgleich man es als wahr oder als falsch betitelt, dem persönlichen Lebensweg.

"Die Einfachheit der Worte" vereint die Kunst der Energiearbeit mit der Schönheit des Schreibens, um einzigartige, energetisch aufgeladene Texte zu schaffen.

Jeder Text ist ein Funke, der deine Selbstheilungskraft auf vielfältigen Ebenen – sei es im Denken, auf körperlicher Ebene oder im Unterbewusstsein – erwecken kann. Die Texte können somit sowohl bewusste als auch unbewusste Prozesse in dir auszulösen, welche deinem persönlichen Wachstum dienen.

Du kannst das Buch von Anfang bis Ende lesen oder intuitiv eine Seite aufschlagen und dich von der passenden Botschaft finden lassen. Es möge dein täglicher Begleiter sein, der dir in verschiedenen Lebenssituationen beisteht und dich inspiriert.

Nimm dir die Zeit, dich in die Texte zu vertiefen und ihre Kraft bewusst zu spüren. Werde zum Beobachter deines eigenen Inneren und nimm wertfrei wahr, wie die Worte auf dich wirken. Lass dieses Buch eine Quelle der Freude und des Genusses sein, dass deinen Alltag bereichert. Es lädt dich ein, Momente der Stille und des Einklangs zu finden, um die tiefen Erkenntnisse in deinem Herzen zu genießen.

## Die Einfachheit der Worte

Der Zauber des Schreibens liegt für mich in dessen zugrundeliegendem Verständnis, schreiben zu können, was ich möchte.

Ich erschaffe und bin mein einziger Richter. Ich transformiere und ändere, so oft ich möchte und entscheide selbst, in welche Richtung ich gehe. Ich lösche, streiche und verwerfe, damit Neues entsteht und wachsen kann.

Ich kreiere aus mir heraus und damit auch um mich herum. Ich bin währenddessen ganz. Und aus dieser Fülle entsteht ausschließlich jenes, was ebenso ganz, fertig und vollkommen in seiner reinen Existenz ist. So hat alles, wenn ich es nur möchte, seine Daseinsberechtigung in sich selbst.

Diese Selbstverständlichkeit eines jeden Wortes darf zugrundeliegender Anker eines jeden Menschen sein. Existenzberechtigt in sich selbst. Geliebt für dessen alleiniges Sein auf dieser Welt. Vollkommen in jedem Atemzug.

**Ich bin**

Pures Erschaffen
Feuer im Herzen
Leidenschaft
Brennend
Angetrieben
Durch Willen
Fester Überzeugung
Bestimmtheit
Freiheit
Einzigartigkeit
Leben
Hingabe

## Kern

Leben heißt ständiges Sich-weiter-entwickeln
Dies mag mit dem allerersten Schritt
Mit der allerersten Tugend beginnen
Sich selbst anzunehmen
Das, was man ist
All jenes, was unweigerlich da ist
Zu akzeptieren
Und vollkommen in sich aufzunehmen
Um dies Gegebene
Zu lieben und zu hüten
Zu sammeln und zu verdichten
Bis man im nächsten Schritt
Jede Faser des Selbst wachsen lässt
Entwickeln und größer werden lässt
Verwurzelter, dichter
Und doch höher, weiter werden lässt
Sich selbst aus Urvertrauen und Bestimmtheit lebt
Und den Kern des Ichs
Zum möglichsten Potential entwickelt

## Kunst

Betrachtest du die Dinge als Kunst
So findest du in allem das Schöne
Das Einzigartige
Alles ist Kunst
Bewegung
Sprache
Blicke
Sie verzaubert die Wahrnehmung
Bringt Magie in das Alltägliche

## Wachstum

Man glaubt zu wissen
Die Seele lacht liebevoll
Vielleicht zeichnet gerade das Wachstum aus
Zurückzublicken und lachend festzustellen
Was man damals als seine Wahrheit glaubte

## Mut

Es ist schwer für den Verstand
An etwas zu glauben
Was man sich nicht vorstellen kann
Und vielleicht liegt genau in diesem Mut
Das Wunder vergraben

## Poesie

Liegt der Kern der Poesie
In der Wahl der richtigen Worte
Oder in der Botschaft
Die in ihnen schwingt
Wie eine leise Melodie
Dessen Noten wir nicht sehen können
Und doch schwingt sie in voller Resonanz
Mit all jenem was wir sind
Und noch sein werden

## Du bist

Sei das Licht in der Dunkelheit
Sei die Musik in der Stille
Sei du selbst der Klang
Den du hören möchtest

## Gedankenwelt

Bewusstes Lenken der Gedanken
Wird so manche Freiheit schaffen
Potentiale zu nutzen
Heißt Gebrauch von ihnen zu machen
Dich auch wirklich zu fragen
Wo im Leben
Denn deine Begabung liegt
Diesen Gedanken
Lenkst du zu jener Erkenntnis
Wodurch sich dir ein Weg eröffnet
Welcher sehnlichst darauf wartet
Schritt um Schritt
Gegangen zu werden

## Ungestimmte Saiten

Schnell und doch schleichend
Verliert man sich selbst
Was nichts anderes bedeutet
Als den Klang des inneren Seelischen nicht mehr zu
hören
Nach fremden Noten zu tanzen
Den Rhythmus des eigenen Herzens verleugnend
Getrieben durch allweltliches Wollen
Welches die Seelenstimme bitterlichst verzerrt
Wie ungestimmte Saiten
Wessen Melodie wir nie erkennen werden
Auch wenn wir uns noch so sehr bemühen
Was nicht unser ist
Wird nie unser sein

Unterbrechen wir jedoch den Wandel des Wollens
Das Gefängnis der Zuschreibungen
Hören wir auf zu jagen und zu suchen
Kommen an im puren Sein
Bitten die Seele zu uns zu sprechen
Werden wir Klarheit erfahren
Und die Liebe spüren, nach der wir suchen
Reines zuhören ohne zu wollen
Vermag verzerrte Saiten zu stimmen
Welche uns immer gekannte
Melodien zum Vorschein bringen

## Schreiben

Überlege dir nicht
Was die Menschen lesen möchten
Überlege dir
Was du schreiben willst
Authentisches sein
Geht mit authentischem Denken einher
Authentizität führt zu Magie
Erzeugt Emotionen
Menschen ringen nach Magie
Nach Alltagsbrechern
Tief versteckt schreit die Welt nach Wirklichkeit
Diese Ehrlichkeit sind wir einer solchen Gesellschaft
schuldig
Die Sprache ist unser Werkzeug

## Warum Poesie

Das Unausgesprochene
Die unbeschreibliche Magie der Wörter
Es erhebt dich
Beleuchtet deine tiefsten Schatten
Fungiert als Anker
Wenn du ihn benötigst
Ein Symbol der Hoffnung
Berührt ganz vorsichtig
Die schönen Seiten des Lebens
Enthüllt die Geheimnisse
Alles nicht Gesagten
Bringt Strophe für Strophe
Klarheit
Inmitten der Zeilen
Schwebt der Zauber
Deswegen
Poesie

## Zauber der Glut

Des Schmerzes brennen
Entfacht jenes Feuer im Herzen
Welches der Aufmerksamkeit verschuldet
Unendlich leidet
Und gelenkt werden muss
Bevor es zu erlöschen droht
Wird vom Zauber der Glut Gebrauch gemacht
So steigt aus deren Asche das Wunder empor

Durch die Hingabe an die eigene Seele
Verblasst der Schleier
Welcher pure Erkenntnis umhüllt
Daraus geboren wird der klare Geist
Welcher uns in sich ruhend
Die Wahrheit offenbart

So schreite durch die Infamitäten des Lebens
Mit erhobenem Haupte
Und sicheren Gang

**Licht**

Grenzenlos
Wie des Windes schweifende Blicke
Welle um Welle sich neugestaltend
Tiefer und tiefer
Verwurzelt im Kern des Wesentlichen
Brennt mein Licht

## Fülle

Wo wir Leere glauben zu sehen
Genau dort
Sitzt die tiefste Fülle

## Gewissheit

Mit der simplen Gewissheit
Unserer eigenen Genialität
Sind wir bereits grenzenlos

## Eigene Welten

Und doch lebt jeder in sich selbst
In seiner eigenen Welt
Selbsterschaffene Realitäten
So weit weg von Wirklichkeit
Frei von Lastern
Und schweren Gedanken
Gefüllt von Träumen
Der Ort wo Wünsche noch Wert haben
Genährte Fantasien
Gelöste Muster
Öffnen Filter
Der Wahrnehmung
Und Blicke
Tief in deine Augen
Wird die Fassade gebrochen
Bist du frei
In deiner eigenen Welt

## Feder und Tinte

Schreiben
Ist wie die eigene Feder
In die Tinte der Seele zu tauchen
Und in mir Lebendes
Im Außen zu erschaffen

## Frieden im Herzen

Mach es nicht für andere
Mach es nicht wegen anderen
Mach es allein für dich
Dein Herz hat Frieden verdient

## Der Künstler in dir

Er lebt
Er atmet
Oft schwer
Aber er atmet
Bricht durch
In dunklen Zeiten
Verschafft er Hoffnung
Offenbart das Schöne
Die Vielfalt
Wirft Licht auf Ungesehenes
Besticht mit Empathie
Lindert Einsamkeit

## Der Weg

So möge der Weg darin bestehen
Alles Erlernte
Was mich nicht fördert
Mich nicht führt
Mich daran zu hindern vermag
Meinen eigenen Weg zu gehen
Mich selbst zu leben
Die Welt zu lieben
All dies
Zu vergessen
Und all jenes
Was mich eben dabei unterstützt
Zu erlernen

## Prozesse

So ging ich durch den Wald und wollte die Vögel
singen hören
Fand jedoch Stille in meiner Erwartung
Spürte den Kampf meiner Vorstellung
Erlebte die Trauer und die Wut meines Ichs
Verlor mich auf allen Ebenen
Verzweifelte an Griffen ins Leere
Am Festhalten an nichts
Sah den Abgrund voll von kalten Steinen
Das reißende Wasser der geballten Gedanken
Die vernetzten Wurzeln
Gestrickt aus Mustern und Glaube
Setzte einen Stein auf den anderen
Ließ mich im Fluss treiben
Verfolgte die Wurzeln bis auf deren Grund
Je tiefer sie trieben
Desto länger suchte ich danach
Und jeden Tag offenbarte sich mir ein weiterer Zweig
Und wässerte meine Blüten

## Die Liebe

Stundenlang
Könnte ich über sie schreiben
Mit jeder Faser meines Herzens
Mit den Augen eines Kindes
In einer Achterbahn sitzend
Bergab hebt sie dich aus
Schleudert dich aus deinem Sitz
Bergauf drückt sie dich hinein
Lässt dich wie einen Anker sinken
Behält dich fest
Nimmt dich auf ihrem Weg mit
Und am Ende einer jeden Achterbahn
Münden die Schienen in ein gerades Ziel
Das ist der Moment
In welchem wir in unserem Herzen ankommen
Zu Hause sind

## Hingabe

So gebe ich mich dem Leben hin
In seiner vollsten Schönheit und Gestalt

Beantworte die Frage wer ich nun bin
Und höre sie in den Bäumen, wenn sie widerhallt

Durchdrungen von Farben
Tanzt meine Seele gewiss

Sah all die verzauberten Gaben
Als sich mein Herz dem Schleier entriss

## Wenn ich schreibe

Wenn ich schreibe
Befinde ich mich in anderen Welten
Bin Alles und Nichts zugleich
Bin Sprachrohr für Wissen
Sehe das große Ganze
Verstehe ohne Fragen zu müssen
Bin ich
Bin du
Bin grenzenlos

## Zurückblicken

Zurückzublicken
Und festzustellen
Sich im Nachhinein zu wünschen
Etwas anders gemacht zu haben
Mag kein Zeichen von Schwäche sein
Sondern pure Stärke
Denn es bringt ein Stück Gewissheit
Im Leben gewachsen zu sein

## Liebe

Und über allem
Steht die Liebe
Die Fragen selbst zu lieben
Mag Kunststück sein
Mag Rätsel sein
Mag Schlüssel sein
Erschafft Liebe zum Unabdingbaren
(Ergibt Sinn)

## Wort und Stimme

Ich bin nicht nur Wort. Ich bin Stimme.
Ich bin nicht nur Ton. Ich bin Musik.
Ich bin nicht nur Werk. Ich bin Schöpfer.

## Einzig in meiner Art

So bin ich
Einzigartig
Einzig in meiner Art
Ein Unikat
Gleiche keinem Andern
Passe in keine Norm
Und strebe auch nicht danach
Nichts, was man suchen könnte
Nichts, was man zu finden vermag
Jedoch alles
Was einfach bereits ist

## Freude

Wahre Freude
Ist kein Gedanke
Ist das Gefühl
Eines warmen Herzens
Tiefer Dankbarkeit
Es erfüllt deine Seele
Lässt dein Inneres heilen
Verleiht dem Leben Sinn

## Ende

Etwas zu Ende gehen lassen
Ohne zu wissen was danach kommt
Das ist unsere Seele
Welche unserem Herzen
Den Weg zuflüstert
Und um die Magie nicht zu verlieren
Lassen sie unseren Verstand nichts davon wissen
Vertraue auf die Stimme in dir
Unsere Seele hat etwas Größeres für uns geplant
Alles
Was an der Grenze des Endes auf uns wartet
Gehört zu unserem Weg
Vertraue dem Ende

# Gedanken

Ich höre sie
Die Wellen an Gedanken
Wie sie schäumend über mir brechen
In die Tiefen des Meeres ziehend
An der Oberfläche aufgelöst
Reize von außen lassen sie wachsen
Stille lässt sie schimmernd treiben
Sie sind wie Wasser
So kräftig und stark
So ruhig und tief

## Wachstum

Wachstum
Steckt in jedem einzelnen Atemzug
Das Wesentliche
Liegt im Moment selbst
Reduziere ich Geist
Erfahre ich Körper
Höre ich Seele

## Leiten lassen

Hat sich etwas jemals echt und richtig angefühlt
So ist dies
Mein innerster Trieb
Mein unabdingbarer Wunsch
Mein Wissen darüber
Zu schreiben
Mich in Worten und Empfindungen auszudrücken
Die ihren zauberhaften Ursprung
Tief in meiner Seele haben
Weder suchen noch finden
Reines erkennen und wiedergeben
Allem in mir Lebenden und Wachsenden Raum zu
geben
Stilles lauschen
Sinnliches fühlen
Gedanken lenken lassen
Kein Wollen
Kein Ankämpfen
Nichts tun
Ein seliges leiten lassen
Zur völligen Hingabe
Zu all dem
Was schon immer in mir war

## Wer bin ich

Nun sag mir schon
Wer ich nur bin
Wo ich hingehöre
Was ich sein möchte
Es liegt in meiner Hand

## Intention

Ich mag eigenartig auf andere Menschen wirken. Und diese Eigenartigkeit hielt mich stets zurück ich selbst zu sein. Sie gab mir das Gefühl nicht richtig zu sein. Falsch zu sein.

Ich fühlte mich nicht verstanden und gab der Welt die Schuld dafür. Die Welt aber lächelte zurück. Richtig und falsch waren doch nur Worte.

So schrieb ich meine Unvollkommenheit meinem eigenen Wesen zu. Und um meine Leere zu füllen, beschritt ich den Weg für andere zu Schaffen.

Ich wollte geben, in der Hoffnung etwas dafür zurückzubekommen. Doch auch wenn ich bekam, war es mir stets zu wenig.

Alsdann änderte ich meine Intention.

Und heute erschaffe ich, um mir selbst zu geben.
Und gebe ich im Einklang mit meinem Selbst, so kann sich jeder von euch ein Stück davon nehmen.

## Ängste

Wie viele Entscheidungen
Wir aufgrund von Ängsten treffen
Ist reflektiert
Ein Weckruf nach Erwachen
Scheint schwer zu begreifen
Will nicht hinterfragt werden
Greift das Bewusstsein an
Lässt Asche lodern
Sprengt Fesseln
Reißt Mauern ein
Öffnet Türen
In andere Welten
In welche Augen blicken wir

## Ein Stück Liebe

Jedes Grauen dieser Welt
Vermag durch ein Stückchen Liebe
Aufgehoben werden

## Friedensangebot

Ich wollte heute lesen
Mich von Rilkes Worten verzaubern lassen
Und das erste Mal
Sagte die Stimme in mir
Dass ich heute lieber
Meinen eigenen Gedanken zuhören möchte
Meine Fantasien nähren
Selbstkreierte Vorstellungen näher betrachten
Freudvoll stellte ich fest
Ich möchte mir selbst zuhören
Wissen
Was meine Seele zu sagen hat
Das war ein Neubeginn
Ich habe mir damit selbst
Den Frieden angeboten

## Blüte

Das Leben der Blüte
In sich so geordnet
Wesen um Wesen an sich gereiht
Jede einzelne für sich
Atmet, lebt, wächst, ist
Verbunden mit allen Umgebenden
Erstrahlen sie zusammen
In absoluter Perfektion
Indem jede einzelne Blüte
Nur für sich steht
Nur sich selbst lebt
Sind sie zusammen
Ein Meisterwerk
Der Blume

## Erschaffen

Ich erschaffe tagtäglich
So vieles
Ohne es mitzubekommen
Kreiere ich
Das
Was sich Leben nennt
Und vergesse zu schnell
Dass ich es lenke und leite
Das ich es bin

## Zuversicht

Was wäre der Mensch ohne Zuversicht
Ein Haufen Elend gepaart mit toten Augen
Im guten Glauben lebt der Mensch
In der Angst stirbt er

## Stille

So sind es jene Momente der Stille
Welche mich Eins mit dieser Welt werden lassen
In der Luft schwebt glänzende Fülle
Ich sehe meine Seele Stärke und Mut erfassen

Nach geduldigem Schweigen
Zieht der Schleier wie eine graue Wolke an mir vorbei
Das unendliche Treiben
Lässt mich wachsen wie eine Blume im Mai

Er zieht über mich hinweg
Und ich sehe die gelb eingefärbten Strahlen
Sie scheinen auf jenen dunklen Fleck
Und lassen meine Seele mit Worten malen

Das Leben der Sonne
Welche den Nebel durchbricht
Erfüllt meine Welt mit Träumen und Licht

In meinem Herzen macht sich Wärme breit
Gedanken brechen und lösen sich auf
Wie der Nebel, wenn er sich befreit
Nimmt die Leichtigkeit ihren Lauf

Um mich wird alles weich und klar
Die Welt erstrahlt in satten Farben
Doch wirkt alles wunderbar
Es heilt und zurück bleiben lediglich Narben

So fühlt sich leben an
So fühlt sich lieben an

## Hoffnung

Es ist des Menschens Pflicht
Auch nur bei dem kleinsten Aufblitzen von Hoffnung
Bedingungslos daran zu glauben

**Loslassen**

Ein oftmals unterschätzter Weg
Ist der
Des Loslassens
Ich nehme etwas auf
Einen Reiz
Eine Information
Im Innen
Oder im Außen
Betrachte es kurz
Und lasse es gleich wieder los
Lasse es ziehen
Verabschiede es wieder
Speichere es nicht
Und befreie mich
Von allem
Was mir nicht dient
Fördere den klaren Geist
Werde ruhig und fokussiert
Und aus dieser Klarheit heraus
Kreiere ich bewusste Gedanken
Lenke meinen Willen und mein Ziel
Erschaffe meine Realität
Aus mir heraus
Genauso
Wie ich es möchte

**Für dich**

Sei mutig genug
Für dich selbst einzustehen

## Die Grenzen des Lebens

Was zeichnet uns aus
Was ist Erfolg
Grenzen zu erkennen
Grenzen zu haben
Ist es ein Irrglaube
Dass diese uns limitieren
Sind sie es
Die uns erst Freiheit ermöglichen
Befreien Grenzen
Wenn wir sie selbst setzen

## Das Herz

Wir sind im Herzen zu Hause
Alles
Was wir nicht wissen
Fühlen wir

## Eine jede Entdeckung

Erfordert ein gewisses Maß an Aufmerksamkeit. Sie wollen gesehen und bis zu deren letzten Tropfen ausgekostet werden.

Je mehr Lebensenergie in eine Sache gesteckt wird, desto schneller drehen sich alle der unseren daran geknüpften Zahnräder. Ein Prozess nach dem anderen wird angestoßen.

Die dafür benötigte Energie wird, wenn nötig, aus anderen Bereichen des Lebens abgezogen, um bei akuten Herausforderungen unterstützen zu können.

Zu unterscheiden sind die allgemein benötigte Zeit für den jeweiligen Prozess und der Zeitpunkt, zu dem er sich uns offenbart.

Falls erforderlich, so ist weder das eine noch das andere von uns beeinflussbar.

Wo wir jedoch das Glück der Handlungsfähigkeit entdecken, sollten wir dieses, soweit es uns möglich ist, nutzen und uns zu Gebrauch machen.

Wir bekommen doch nur immer das, womit wir auch arbeiten können. Mit was wir umzugehen vermögen. Woraus uns die Welt als veränderter, gewachsener Mensch hervorgehen sehen möchte.

So lasst uns allerweilen ein Stück Weisheit bewahren, wenn wir das Maß der uns zur Verfügung stehenden Energie aufteilen und für uns arbeiten lassen.

## Emotionen

Verbinden sich mit Gedanken
Und überfallen uns
Sobald sie können
Warten die Gelegenheit ab
Wollen gesehen werden
Wollen hinterfragt werden
Sind nur Symptom
Auslöser ist das Gegenteilige
Aus – löser
Kommen, um gelöst zu werden
Von Innen nach Außen
Verlangen Ehrlichkeit und Mut

**Entscheidungen**

Welche Entscheidungen
Die für dich richtigen sind
Jene
Welche du mit ruhigem Herzen triffst

## Ungewissheit

Die zwei Seiten der Medaille
Ungewissheit treibt uns an
Sorgt für Spannung
Aus ihr resultiert Motivation
Jedoch auch Angst
Zurückgezogenheit
Der schmale Grad
Zwischen Siegen und Scheitern

## Achtsamkeit

Ständiges hinterfragen
Bewusstes Denken
Emotionen wahrnehmen
Wertfrei
Weder gut
Noch schlecht
Das Wesentliche erkennen
Fokus
Und Leichtigkeit

## Leistung

Sie wird von uns verlangt
Tagein
Tagaus
Die Anforderung perfekt zu sein
Es scheint
Als würde diese Welt keine Fehler erlauben
Es heißt
Man solle daraus lernen
Aber doch wirst du bestraft
Wenn du sie begehst
Das System dreht sich
Fernab von Wirklichkeit

## Lichtsprung

Was mich herauszufordern scheint
Ist meine Sicht auf das Gegebene
Mein mehrdimensionales Sein
Lenkt meine Blicke
Übersetzt die Sprache meines Herzens
Und kreiert somit meine Realität
Zwischen Schwarz und Weiß liegt oftmals nur ein
Lichtsprung
Und ich frage mich tagtäglich
Wie ich den Absprung schaffe
Es scheint so offensichtlich zu sein
Und doch sehe ich mit trüben Augen
Es fühlt sich an
Als würde ich eine andere Sprache als diese Welt
sprechen
Als würde mein Zuhause woanders sein
Ich sehe mich über mir schweben
Einmal bin ich hier oben frei
Im nächsten Moment bin ich verloren
Und trotzdem sehe ich jeden Morgen die Sonne
aufgehen
Und weiß
Jeder Lichtstrahl bringt mich weiter
Auf meinem Weg
Es ist so einfach
Und mitreißend schön

## Dankbarkeit

Siehst du denn
Was dich umgibt
Wie viel Liebe
In all den Herzen steckt
In welchen Farben
Die Welt erscheint
Wenn wir sie wahrnehmen
Wie sie ist
Siehst du es

## Grauen

Jede Grausamkeit der Welt
Hat mich letzten Endes
Wieder zu mir selbst zurückgebracht

## Richter

Wer ist Richter
Wer ist Denker
Wer mag Weiser sein
Wenn nicht
Unsere eigene Seele

## DU

Es gibt kein schöneres Zuhause
Als dich selbst
Erkenne deinen Wert und wachse
Bleib ganz und fokussiert
Pass dich nicht an
Wisse um deine pure Magie
Um dein einzigartiges Sein

## Abschied

Abschied nehmen
Letzte Worte sprechen
Ein letzter Blick
Lässt Erinnerungen aufleben
Momente der Freude wiederkehren
Berührt uns tief im Herzen
Gibt uns zu verstehen
Wie vergänglich das Leben ist
Und im selben Moment
Fühlen wir Unendlichkeit
Eine Liebe die niemals stirbt
Eine Verbindung
Die immer aufrecht bleiben wird
Unsere Seele flüstert dem Herzen zu
Dass sie zeitlos wacht
In Erinnerungen lebt
Und uns
Niemals alleine lassen wird

## Warum ich Gedichte liebe

Warum ich Gedichte liebe?
Weil sie mir jedes Mal aufs Neue zeigen
Dass diese Welt so viel Schönheit zu bieten hat
Poesie ist nichts anderes
Als pure Liebe
Ein liebender Zustand alles Gegebenen
Man vermag für einen Augenblick alles zu verstehen
Die einst quälenden Fragen gar nicht mehr zu stellen
Die Welt als eines zu empfinden
Und das alles
Durch ein bloßes Gedicht

## Über allem steht die Liebe

Was Leben ist
Was Sinn ist
Ob der Sinn in der Suche besteht
Oder im Finden
Ankommen
Wach sein
Fühlen
Annehmen
Weitergehen
Wachsen
Und
Über allem
Steht die Liebe

**Teil dieser Welt**

Teil dieser Welt zu sein
Bedeutet anzunehmen was kommt
Akzeptanz
Des Unumstrittenen
Des Wahrhaftigen
Alles
Was du nicht leugnen kannst
Und da ist
Ob wir es nun sehen
Oder nicht

## Glaube

Und so verstand ich was meinem Leben fehlte
Der Glaube
Nicht der Glaube an Gott
Oder der Glaube an eine Religion
Sondern jener an mich selbst

Und genau dieser Glaube wird es sein
Der meine Zukunft gestaltet
Mein Leben
Voller Magie und Wunder

Und alles
Was ich dafür tun muss
Ist lediglich

An mich zu glauben

**Heilung**

Liebe ist Heilung
Heilung ist Liebe

## Des Glaubens Mächtigkeit

Glaube bewegt Berge
Erschüttert Welten
Ist Erschaffer
Ist treibende Kraft
Wird unterschätzt
Wird hinterfragt
Zu unserem Gunsten
Doch
Mit welcher Motivation
Entstanden aus Mängeln
Schürt er blinde Flecken
Verfälscht Wahrnehmungen
Wird gefährlich
Täuscht
Deckt auf

**Größe**

Ich dachte immer ich bin klein
Aber was ich damals noch nicht sehen konnte
War
Dass ich nur so klein war
Um noch wachsen zu können
Um groß zu werden
Um mich zu meiner vollsten Größe zu entwickeln

## Vergnügen

Koste jeden Moment aus
Nicht aus Angst
Sondern aus Vergnügen

**Dunkelheit**

Ich habe gelernt
Dass
Glaube und Zuversicht
Ein Lichtstrahl sind
Auch
Wenn es hoffnungslos dunkel zu sein scheint

## Paradies

Das Paradies
Kann womöglich nicht gefunden
Jedoch erschaffen werden

## Sehen

Jetzt
Jetzt kann ich es endlich sehen
Dass jedes Gedicht
Jedes Musikstück
Und Gemälde
Mich deshalb so anzieht
Weil es nichts geringeres als Liebe ist
Aus purer Liebe besteht
Und daraus erschaffen wurde
Jetzt
Jetzt kann ich es endlich sehen

## Ich

Ich will
Ich kann
Ich werde
Ich bin

## Plädoyer an die Seele

Gib mir die Kraft zu heilen
Den Mut die Wahrheit zu erkennen
Und die Geduld mich zu verändern

## Aus der Ruhe kommt die Kraft

Ein seichtes Sprichwort
Bis man es lebt und erfährt
Ruhe ermöglicht Sammlung
Die einzelnen Teile des Ichs setzen sich zusammen
Bilden eine immer dichtere Masse
Stärken die eigene Mitte
Wie ein Energieball
Der tief im Innersten strahlt und glänzt
Es heißt
Kraft sammeln
Und im sammeln
Nehmen wir ein Stück nach dem anderen
Und setzen diese zusammen
Bis die Fasern dicht und stark sind

## Alles

Alles
Was du mit Liebe machst
Mit purer Leidenschaft
Im Herzen
Kann nur echt sein
Kann nur ganz sein
Ist wahrhaftig
Kann nur gelingen

## Gewinn und Preis

Jede Entscheidung
Hat einen Gewinn und einen Preis
Kenne die Konsequenzen
Wäge ab
Und wenn du deine Wahl triffst
Sei dir stets sicher
Denn danach
Gibt es kein Zurück mehr
Der Gewinn
Jedoch auch der zu zahlende Preis
Machen sich sichtbar
Und verlangen
Was du ihnen einst zugesprochen hast
Entscheide weise

## Wut

Und die Wut sprach zu mir
Lass mich los
Wann immer du kannst

## Blicke

Die Blicke sind plötzlich so klar
So wach
Ohne zu wissen was ist oder nicht
Flüstern Empfindungen wie leise Winde
Streifen dabei jeden Ast und jedes Blatt
Bleiben kurz stehen
Und ziehen sogleich weiter
Wollen nicht gestört werden
Drängen gar nicht hinterfragt zu werden
Sind Essenz und aufgelöst zugleich
Bewegen sich im stillen Tanz
Glänzen und funkeln im reinen Licht
Brennen in Flammen
Und fließen im Wasser
Sind
Sind nicht

## Liebes-Willen

Ich würde gerne ein Gedicht über die Liebe schreiben
Merke jedoch
Dass es mir nicht möglich ist
Denn kein Wort
Kein Satz
Kein Reim
Würde die Fähigkeit besitzen
Dies auszudrücken
Dies in ihrer gesamten Fülle zu umfassen
Und so etwas wie die Liebe
Möchte nicht begrenzt sein
Will gar nicht umschrieben werden
Findet Genugtuung
Im reinen Sein

## Komposition

Eine Komposition
Aus dir und mir
Die
Zur
Vollendung
Führt

## Nochmals durchlebt

Was ist es
Das so tief sitzt
Und nicht gesehen werden möchte
Oder doch danach schreit
Entdeckt zu werden
An die Oberfläche zu treten
Und ein weiteres Mal
Durchlebt zu werden
Um endlich
In die Heilung zu gehen
Die ihm zusteht

## Metamorphose

Mystisch
Magisch
Innig
Findet Verwandlung statt
Verborgen
Beschützt
Verbunden
Verändert sich Gestalt
Tritt ans Licht
Strahlt aus der Dunkelheit
Wird erkannt
Kann nicht mehr übersehen werden
Kann nicht mehr nicht gelebt werden

## Liebesbegegnung

Einem jeden Menschen
Mit Liebe zu begegnen
Vermag nicht nur
Die Gesellschaft zu heilen
Sondern beginnt wohlwissend am Ursprung
Nämlich bei sich selbst

## Äußere Welt

Die äußere Welt
Ist lediglich eine Projektion
Des Inneren
Begegnen wir im Außen Unverständnis
So gilt sich noch im selben Atemzug
Die Frage zu stellen
Wo im Inneren
Wir uns denn selbst noch missverstehen
Oder womöglich noch nicht einmal kennen

## Rückbesinnung

In herausfordernden Zeiten
Wenn des Lebens Winde wehen
Momente sich zu Stürmen formen
Geballt und kräftig
Schier unerträglich geladen mit Energie
Und das Wasser wie im stetigen Fluss
Keine Rast findet
Nicht zur Ruhe kommt
Und Stille rege Anstrengung bleibt
So gilt es sich mit vermehrter Konzentration
Auf das rückzubesinnen
Was wichtig ist
Worum es im Sein wirklich geht
Und schon vermag das wilde Gewässer
Nicht mehr unbezwingbar erscheinen
Böen legen sich
Wellen klingen aus
Und das Herz
Nimmt wieder seinen Platz ein

## Muster

Wiederkehrende nicht aufgebende Muster
Kommen zurück und brechen Willen
Fordern den Menschen heraus aufzugeben
Verlangen Mut und Widerstand
Oder seliges nachgeben und hingeben
Haben die Kraft durchzubrechen
Oder aufzubrechen
Fordern dich ein
Oder heben dich hoch

## Was bleibt

Vieles vergeht
Noch mehr bleibt
Die Stille des Anfangs
Vertilgt und trübe
Zu schwer
Zu weit
Reicht das Wort des Einzelnen
In seiner verletzten Welt
Greift nach Halmen
Setzt den Anker
Und wird dadurch doch nur
Gebettet an die Zeit

## Gib ab

Tiefer
Noch tiefer
Lass' dich sinken
Gib alles ab
Was dich am Seele sein hindert
Und werde
Ganz
Du

**Friede**

Und egal wo ich sein werde
Ich möchte dort oder dann
Lediglich
In absolutem Frieden sein

## Tiefe

Nicht das Wissen
Nicht die Sprache
Oder Erscheinung eines Menschen
Sondern die
Reinheit
Kraft
Und Tiefe
Seiner Seele
Ist
Was mich begeistert

## Stille

Die Stille ist, wo ich kreiere
Wo ich erschaffe, wer ich bin
Wo ich definiere, woran ich glaube
Wo ich festlege, was mir wichtig ist
Und wer ich sein möchte
Wo ich ankomme und zugleich aufbreche
Wo ich eins bin und getragen werde
Wo ich nicht wissen muss
Sondern lerne, erfahre und wachse
Wo die Seele mit mir spricht
Wo ich Seele bin

## Mensch

Und ich sehe dich als Menschen
Ohne eine Form
In die ich dich hineinpresse
Ohne eine Vorstellung
Wie ich mir dich wünsche
Ohne Regel und ohne Maßstab
Du bist Mensch

## Wunder

Hör niemals auf
An Wunder zu glauben
Es könnte sein
Dass gerade dieser Glaube
Der Magie die Türen öffnet
Durch welche leise Wunder schreiten

## Dankbar

Ich lebe und bin dankbar dafür
Ich genieße und bin dankbar dafür
Ich erfreue mich und bin dankbar dafür
Ich lache und bin dankbar dafür
Ich weine und bin dankbar dafür
Ich heile und bin dankbar dafür
Ich liebe und bin dankbar dafür
Ich bin und bin dankbar dafür

**Schmerz**

Und manchmal benötigen die Themen
Die uns den tiefsten Schmerz zubereiten
Am meisten Liebe

## Tausend kleine Lichter

Und wenn mein Licht nicht mehr
Zu brennen vermag
Zünde ich tausend kleine Lichter an
Bis ich
Das Feuer
Wieder entfache

## Jedes Stückchen Liebe

Jedes Stückchen Liebe
Das man je in die Welt gegeben hat
War nie falsch
War nie Fehler
War immer nur richtig
Notwendig und gut

## Vollkommenheit

Sich beizeiten wieder daran erinnern
Dass man
Bereits vollkommen ist
Und aus dieser Fülle schöpfen
In dieser Ganzheit erschaffen

## Epilog

Ein simples Wort vermag oft mehr auszusagen als ein ganzer Satz.

Einfachheit bedeutet Klarheit, Geradlinigkeit, Tiefe und zugleich Weite.

Ein einziges Wort kann so vieles davon besitzen und damit Unendliches aussagen. Es besitzt die Kraft, Emotionen aufleben zu lassen und Denkvorgänge anzustoßen. Von Euphorie bis Wehmut. Von Glückseligkeit bis Trauer.

Schon fast magisch erzeugen einzelne Buchstaben individuelle Räume, die auf jeden von uns wirken. Mal mehr, mal weniger. Sie nehmen uns auf eine Reise in das eigene Sein mit und geben ihm dabei Form und Rahmen.

Dahinter verbirgt sich die Bemühung, alles in uns, die eigene Welt, auszudrücken und dies, mit der Hoffnung auf Resonanz und Gleichgesinntheit, im Außen zu teilen. Das Einzigartige in jedem von uns in eine Art Verbindung mit der Außenwelt treten zu lassen. Dort Wirkung zu erzeugen.

Womit es zu einem kollektiven Erschaffungsprozess heranwächst und eigentlich erst dort beginnt, aufzublühen und sich zu entfalten.

Es ist ein Teil unseres Selbst den wir der Welt schenken und der uns, als Gegenzug für unseren Mut, das Gefühl gibt, Teil des großen Ganzen zu sein. Verändern zu können. Einen Beitrag zu leisten. Verbindung in Individualität zu erleben und dabei Neues zu erschaffen.

## Über die Autorin

Tamara Höpoldseder ist eine junge Autorin aus Salzburg, Österreich. Mit ihrem ersten lyrischen Werk "Die Einfachheit der Worte" betritt sie die Bühne der Literaturwelt.

In ihren Gedichten zeigt sie eine eindrucksvolle Fähigkeit, die Nuancen des Lebens durch präzise und einfache Sprache einzufangen. Dabei schöpft die Autorin aus persönlichen Erfahrungen und inneren Reflexionen, um ihre Werke zu gestalten.

"Die Einfachheit der Worte" markiert ihren ersten Schritt auf dem Weg zu literarischem Erfolg und verspricht einen Einblick in ihre feinfühlige und prägnante Schreibweise.